Textes Marie-Agnès Gaudrat

Illustrations Serge Bloch

Couleurs Rémi Chaurand

Imprimé en Slovénie.
Dépôt légal : avril 2018 - 2e tirage : 01.19
Conforme à la loi du 16 juillet 1949
sur les publications destinées à la jeunesse

ISBN : 979-1-02760-458-6

TOTO

C'est pas juste !

Tourbillon

C'était prévu depuis mille ans,

ce jour-là, je devais aller au cinéma

avec mon copain Mouloud voir

Mastok revient.

J'adore Mastok,

j'ai déjà vu tous ses films :

Mastok le Cruel,

Mastok le retour,

et *Revoilà Mastok !*

Ils sont forts ces Américains

pour faire des nouveaux films.

Même si j'ai vu à la télé
qu'ils avaient un peu copié
sur un film coréen,
qui avait copié une BD russe.
On appelle ça un remake.
Je suis incollable en cinéma.

Si la maîtresse avait l'idée de m'interroger sur les héros d'aujourd'hui plutôt que sur des vieux rois qui sont tous morts, elle verrait comme je suis fort !

FASTOCHE

Mais ce jour-là, au réveil,
j'ai entendu des hurlements :

« Au secours ! À l'aide ! Chériiiiiii ! »
C'était maman qui appelait papa
parce qu'elle venait
de voir la tête de Zaza.

Ma chipie de sœur avait décidé de se faire pousser des boutons partout, rien que pour m'embêter. Papa et maman parlaient de rougeole, de boutonnite, d'allergie,

et moi, j'arrêtais pas de demander :
« À quelle heure je vais voir
Mastok revient ? »

C'est comme ça chez nous,
quand on panique, on se met tous
à parler en même temps
et y a plus personne pour écouter.

Quand le docteur est arrivé,

il a fallu qu'il hurle

pour nous faire taire.

« DU CALME ! DU CALME !

C'EST UNE ROSÉOLE...

c'est pas la fin du monde ! »

Mais en vrai, si, c'était la fin du monde parce qu'on ne pouvait pas mettre Zaza à la crèche.

Et dans ces cas-là,
qu'est-ce qu'il dit, papa ?

Il dit : « Mon petit Toto, tu vas être bien gentil et tu vas garder ta sœur au chaud aujourd'hui ! »

J'ai senti mes jambes ramollir et j'ai murmuré :

« Papa ; t'avais promis… »

Mais là, j'ai bien vu
dans ses petits yeux vides
qu'il avait oublié sa promesse.

Alors j'ai pensé à Mastok,
qu'est-ce qu'il ferait, lui, face
à tant d'injustice ?
Je me suis souvenu d'une
de ses répliques célèbres
dans *Mastok le Cruel* :
« Quand on est face à un molok,
hé ! hé ! hé ! il faut clamer
sa révolte ! »

Alors j'ai couru à la fenêtre, je l'ai ouverte et j'ai hurlé : « MON PÈRE VEUT M'ENFERMER, ME TORTURER, ME ZIGOUILLER... » Et là, je me suis senti soulevé et épinglé comme un papillon contre le mur. C'était mon papa (il est fort mon papa !)

qui me tenait par les épaules.

Cette fois, c'est lui qui appelait maman :

« Chériiiiiiiiiiie ! Viens vite !

Le petit est cinglé, il veut que les flics viennent me chercher ! »

COUI
GRR
RRRh
GNNNI...

Alors maman est arrivée (elle est gentille ma maman, et elle a de la mémoire, elle !).

Elle a dit : « Le pauvre petit, c'est vrai qu'on lui avait promis qu'il irait au cinéma aujourd'hui ! »

Papa est allé fermer la fenêtre, en criant : « Rendormez-vous, braves gens ! », et maman m'a expliqué que c'était pas grave, que j'étais en vacances toute la semaine et que donc, au plus tard, j'irais au cinéma samedi, promis!

Elle est gentille ma maman
mais elle est très vieille aussi. Samedi
c'était dans six jours,
et, à mon âge, six jours
c'est comme cent ans pour elle.

J'ai à peine eu le temps de crier :
« C'EST PAS JUSTE ! »
que je me suis senti dégouliner
sur le sol, et je me suis mis
à me tortiller sur le tapis,
en gémissant.
Je ne faisais pas semblant.

Attendre, pour moi, c'est une torture,
ça m'aspire de l'intérieur,
ça me dessèche la glotte,
ça m'entortille les intestins
et ça me donne le vertige...

Je me tordais dans d'atroces
souffrances, quand j'ai vu papa
à côté de moi.

Il avait les bras croisés dans

la posture du sage,

celle qu'il prend toujours

pour me dire des trucs

que je ne comprends pas.

Il a dit :
« Patience, patience,
mon bonhomme, quand tu sauras
attendre tu seras un homme ! »
Et puis il a tiré maman par le bras
en ajoutant :
« J'ai noté sur le frigo
ce que tu dois faire pour Zaza,
on file, on est en retard. »
Et ils sont partis travailler.

Alors je me suis souvenu

d'une autre réplique

dans *Mastok le retour* :

« Tout ce qui ne tue pas

HA ! HA ! HA ! HA !

rend plus fort. »

Et je me suis relevé.

Effectivement, j'étais plus fort. Mastok avait raison, moi aussi j'étais prêt à faire mon retour ! J'ai marché dignement jusqu'à la cuisine pour voir la liste des consignes.

Toto sois gentil
avec ta petite sœur,
pour la roséole,
y a rien à faire,
juste attendre.

Et là, j'ai été repris
par une crise aiguë, grave !

Quand je me suis enfin relevé courageusement de ma deuxième crise,

j'ai tout de suite appelé Mouloud pour qu'il vienne m'aider à garder Zaza.

À partir de là, ça a été mieux.
Avec Mouloud, on a reconstitué
le piège terrible que Mastok
tend dans *Mastok le retour*
à son ennemi de toujours
Fourbu le diabolique...

C'était beaucoup de travail,
mais on a bien rigolé tous les deux,
et c'est pas pour me vanter
mais c'était drôlement bien imité !

L'ennui, c'est que le soir,
ce n'est pas
Fourbu le diabolique
qui est rentré.

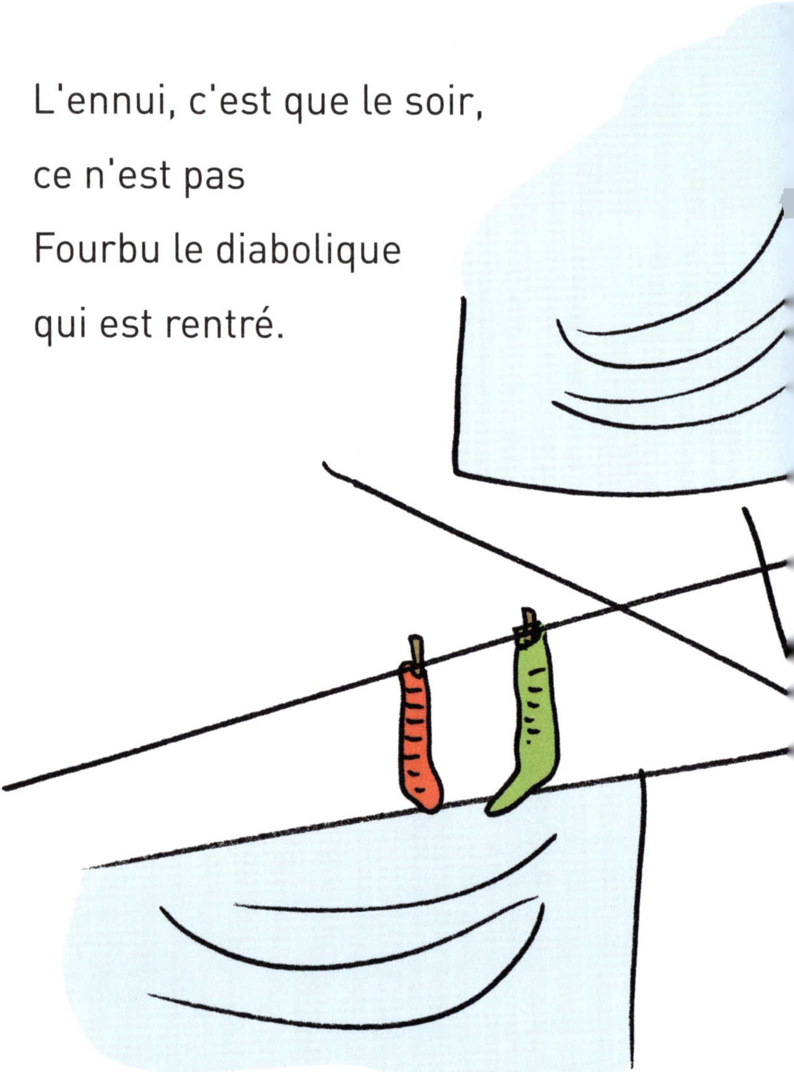

C'est mon papa.

Et c'est lui qui s'est fait piéger !

Au lieu de nous féliciter, il a piqué une grosse colère, il a dit :
« On ne peut pas
te laisser seul une journée
sans que tu mettes la maison
sens dessus dessous !
Puisque c'est comme ça,
tu vas passer le reste
de tes vacances
chez Mémé Coco ! »

Mémé Coco, c'est la maman de ma maman, elle habite

à la campagne, tout au bout du bout du monde, là où il n'y a pas un cinéma à mille kilomètres à la ronde !

J'ai crié : « C'EST PAS JUSTE !!! »
et j'ai couru à la fenêtre
pour clamer au monde entier
que mon père était un monstre
et que j'étais en danger !
Mais papa m'a rattrapé
(il court vite mon papa !).
Quand j'ai vu qu'il crachait
de la fumée par les oreilles
et par le nez, j'ai décidé

de lui faire un petit sourire

et j'ai dit : « Bon d'accord,

si on emmène Mouloud ! »

Mais papa a dit : « Non ! »

Le lendemain, il a pris sa journée
pour nous emmener, Zaza, moi
et Toutou chez Mémé Coco.
Il n'y avait que Toutou qui était
content, il remuait la queue
tout le temps, parce que lui,
il adore se rouler dans la boue,
et chez Mémé Coco, la boue,
y en a partout !

Moi, j'avais un nouveau plan.
C'était de me murer
dans le silence des victimes.
Comme dit Mastok :

**« Cruel est le silence
de la victime
pour la conscience
du bourreau. »**

C'est super efficace ! Papa n'arrêtait pas de se tordre le cou pour surveiller ce que je faisais à l'arrière.

Au bout d'un quart d'heure,

il a craqué !

« Toto, tu vas arrêter de te taire,

ou je me gare au bord de la route

et je te colle une gifle ! »

Là, j'ai dit :
« Il faudrait savoir, tu m'emmènes
à la campagne, soi-disant
parce que je ne suis pas sage,
et quand je suis sage,
tu veux me faire subir
une punition corporelle ! »
Papa répétait tout bas:
« Calme-toi, Robert, calme-toi
ou tu vas faire un malheur ! »
Et plutôt que de faire un nouveau
malheur, il a préféré quitter
l'autoroute.

Ça, c'était une bonne idée,

j'ai crié :

« HOURRA, on fait demi-tour ! »

Mais papa a dit : « On ne fait pas demi-tour, on va faire une petite pause pour se détendre. »

Ça, c'était pas une bonne idée, parce que pour une fois que papa nous emmène au restaurant, il n'a pas choisi le bon restaurant.

À la table à côté de nous, il y avait un monsieur tout pâle qui demandait au serveur :

« On peut savoir quand vous changez les nappes de vos tables ?

« Je vais me renseigner, monsieur, a répondu le serveur, je ne travaille ici que depuis trois ans. »

Papa a commandé une soupe
parce qu'il se sentait un peu
barbouillé comme il dit. Mais quand
elle est arrivée, il est devenu tout
rouge et sa chaise a grincé.
Il a appelé le serveur,
et d'une voix étranglée, il a dit :
« Il y a une mouche morte
qui flotte dans mon assiette ! »
Le serveur s'est excusé :
« Oh ! Désolé, monsieur,
le chef a dû mettre trop de soupe...
d'habitude, elles ont pied ! »

GASP!

Après, ça n'a pas traîné, papa nous a enfournés dans la voiture, en disant tout bas les mots interdits,

ceux que j'ai pas le droit de dire,

sinon, moi, je suis puni.

C'EST PAS JUSTE !

Alors, avec Zaza, on a joué
à les répéter tout bas.
Le pauvre papa, il a recommencé
à se tordre le cou pour nous guetter
et, chaque fois qu'on disait
un gros mot, il hurlait :

**« Zaza !
Toto ! »**

Il était tellement énervé
qu'il m'appelait tantôt Toto
tantôt Zaza, et il appelait Zaza
tantôt Tata tantôt Zozo...

Ça, c'est un truc qui ne peut pas
arriver à Mémé Coco,
parce qu'elle appelle
tout le monde :
« Mon petit coco ».
C'est pour ça qu'on l'appelle
comme ça.

À force de nous regarder,

papa n'a pas repéré

les deux motards qui nous suivaient.

Mais moi, si !

Alors pour le prévenir en douceur

(parce qu'il fait le gros dur

avec moi, mais il a très peur
des policiers, mon papa),
je lui ai posé une petite devinette :
« Tu connais le point commun
entre deux motards
et une Cocotte-Minute ? »

Comme il ne savait pas,
et que les motards approchaient,
je lui ai vite donné la réponse :
« Quand ils sifflent, c'est cuit ! »

Ouf, il était temps, parce que

« TRIiiiiiiiiiiiiiiiiiiiiiiiiiiiiiiiiiiii ! »

Les motards ont sifflé !

Papa, m'a jeté un regard désespéré

et, aussi sec, il a pilé.

Quand le motard s'est approché, c'est drôle, mon papa a rapetissé ! Si je ne savais pas que c'était lui, je ne l'aurais pas reconnu. Il s'est ratatiné sur son siège, et, avec une voix de petit garçon, il a dit :

« Bon... bon... Bonjour, monsieur l'agent, ra.... ra... rassurez-moi, je n'ai pas fait de bêtise au moins ? »

Le motard était très gentil, il a donné une grande tape dans le dos de mon papa, il a rigolé un grand coup et il a dit :
« Mais non, ne vous inquiétez pas, c'est juste que je viens de commander la même voiture que vous, et je voulais voir si elle freinait bien. »

Là, mon papa s'est évanoui.
Le bon côté avec les évanouissements, c'est ce qu'il faut faire au blessé

pour le réveiller !

Une petite gifle à droite,

une petite gifle à gauche,

et hop ! on remet une petite tournée.

Je dois reconnaître que

je ne m'en suis pas privé !

Après, papa était tout calme,
alors on a roulé tout doucement
jusqu'à chez Mémé Coco.
Comme on a bon cœur, Zaza et moi,
et qu'on ne voulait pas énerver papa,
on a joué tranquillement
à compter les cils des vaches
qu'on doublait au ralenti.

Quand on est enfin arrivé, Mémé Coco nous a serrés sur sa poitrine (elle est copieuse Mémé Coco) et elle nous a pris, Zaza et moi, un sous chaque bras, pour nous faire traverser la boue.

Papa, il n'a pas eu la patience d'attendre qu'elle vienne le rechercher. C'est bête parce que, du coup, ses mocassins se sont noyés dans la boue.
Alors, pendant qu'il les cherchait partout en faisant *splash splash* en chaussettes, j'ai pris la posture du sage et je lui ai crié :
« Patience… patience,
mon bonhomme,
quand tu sauras attendre
tu seras un homme ! »

Quand il a enfin retrouvé
ses mocassins, papa a déposé nos
valises, mais il n'a pas voulu rester.
Alors Mémé Coco l'a porté jusqu'à
la voiture et il est reparti.

Dès que papa a disparu,
j'ai dit à Mémé que je voulais
inviter mon copain Mouloud
mais que papa n'avait pas voulu.

« Mon pauvre coco, elle a dit,
on va arranger ça tout de suite,
passe un coup de fil à ton copain,
on ira le chercher au train demain. »

J'étais trop content, j'ai couru
au téléphone, et j'ai appelé Mouloud,
mais je me suis pris le pied
dans un fil tout tirebouchonné.
Elle est bizarre Mémé Coco,
elle accroche tout : le téléphone,
avec un fil. Les saucissons,
au plafond, et même ses mouches,
elle les accroche sur des gros scotchs
qui pendent partout.
C'est bizarre,
mais il faut reconnaître
que c'est pratique !

Le lendemain, avant d'aller chercher Mouloud à la gare, on est allés à la pêche.

Mémé Coco a pris ses mouches, et hop, direction la rivière !

Parce que Mémé Coco,
elle ne pêche pas sur un tabouret,
comme les petits vieux.
Elle pêche à la mouche !
Elle se met dans l'eau,
avec des grandes bottes
qui montent jusqu'aux cuisses,
et elle se sert de sa canne à pêche
comme d'un lasso !
J'ai essayé moi aussi, c'est rigolo
mais c'est pas facile.

Surtout quand il y a un imbécile
qui n'arrête pas de vous demander :
« Alors mon petit bonhomme,
ça mord ? »
La dixième fois qu'il m'a posé la question,

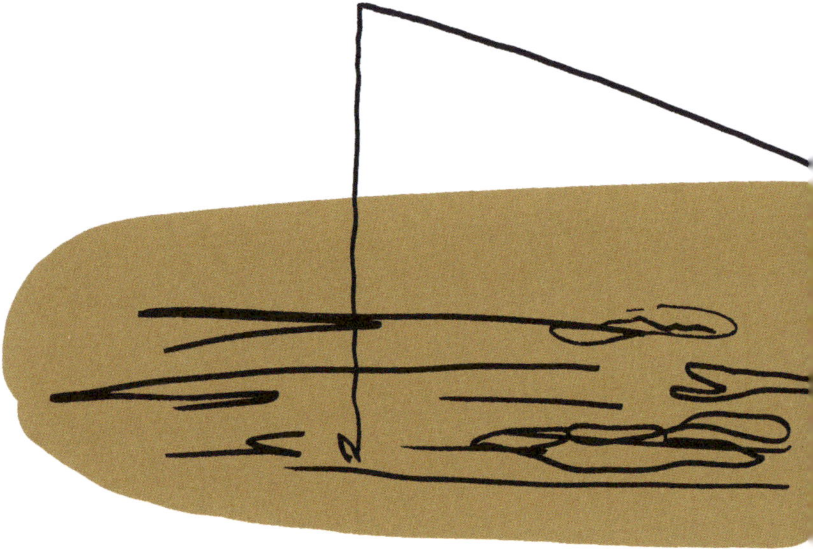

j'ai fini par lui répondre :
« Oui, ça mord, mais ne vous inquiétez pas, ils ne s'attaquent pas aux enquiquineurs ! »

Quand Mouloud est monté dans la voiture, il était épaté par l'odeur.

Forcément, on avait dix truites qui chahutaient à l'arrière.

Mémé Coco a dit :

« Alors, mes petits cocos, qu'est-ce qu'on fait maintenant ? » Mouloud qui n'est pas habitué à la campagne a dit : « On pourrait aller au cinéma ! » Mémé Coco a dit : « Vous voulez voir un film ? Eh bien, on va aller chez mes petits voisins, je crois qu'ils en ont plein. »

C'était sympa de la part de Mémé Coco, mais je nous voyais déjà devant une télé toute pourrie.

Eh bien pas du tout !

Les petits voisins de Mémé Coco,

c'est Brad Pitt et Angelina Jolie !

Quand ils ont ouvert la porte,

on s'est sentis tout petits.

Mais mémé a dit :

« Salut les cocos, je vous amène deux petits cocos qui voudraient voir un film. »

Brad Pitt a dit : « *Antrey, antrey.* »

et Mémé Coco a traduit pour nous :

« Allez, il vous dit d'entrer. »

Elle s'était mise à l'américain !

Mémé Coco est repartie avec Zaza, et nous, on est restés avec Brad et Angelina. Mouloud m'a dit :

« Pince-moi,

dis-moi que je rêve pas. »

Mais je ne pouvais pas parler,

j'avais la langue collée au palais.

Alors, pour être sûr de ne pas rêver,

c'est Brad Pitt que j'ai pincé.

Il a un peu crié parce que

j'avais pincé fort, et puis il s'est

penché vers moi, il m'a bien regardé

et il a dit :

« May, je te reconnay, toi !

tu es Toto, le célaybre zayro,

very frenchy, very rigolo ! »

On s'est tapé dans la main, et, à partir de là, on n'était plus gênés, plus du tout !

Ils nous ont fait visiter leur château, et là, dans la centième pièce…

TADAM !

Il y avait un grand cinéma

pour nous tout seuls !

Ça s'appelle un home cinéma.

On a testé tous les fauteuils

pour trouver le meilleur. Et Angelina

nous a mis *Mastock revient !*

C'était génial !

Quand le film a été fini,

on a crié : « Encore ! Encore ! »

Alors Brad nous a apporté

du pop corn et des esquimaux,

et Angelina a remis le film !

En sortant, on connaissait
toutes les répliques par cœur.
Mais il y en avait une surtout
qu'on répétait en boucle, c'était :

« Les vrais héros ne doutent de rien
HEIN ! HEIN ! HEIN !
car incroyable est leur destin ! »

À la fin de la semaine, quand papa est revenu nous chercher, il a été surpris.

On ne voulait plus repartir.
On s'accrochait à Mémé Coco
comme au mât d'un bateau.

Mémé Coco a proposé
qu'on aille prendre un dernier
apéritif chez ses petits voisins.
Mais papa n'a même pas voulu
sortir de la voiture
à cause de ses mocassins !
Heureusement on rapportait
tous des beaux souvenirs.
Même Toutou, qui se roulait
sur la plage arrière
en étalant ses kilos de boue !

Le lendemain, j'ai couru à l'école. J'étais pressé que la maîtresse dise : « Petite rédaction, racontez-moi vos vacances ! »

Mais elle qui demande toujours ça quand on rentre de vacances, et qu'il ne s'est rien passé, là, elle a dit :
« Exercice de mathématiques ! »
Mouloud a crié :
« C'EST PAS JUSTE ! »

MAIS ...
Où vas-tu Mouloud?
Je rentre, je fais grève!
MONSIEUR LE DIRECTEUR
GASP!
HUM HUM
J'ARRÊTE MA GRÈVE!

Mais moi, j'ai souri en pensant
à la dernière réplique de Mastok :
« Les petits soucis du quotidien
ne méritent pas plus d'attention
qu'un pipi de chien ! »
C'est à ça qu'on reconnaît
les vrais héros !

Dans la même collection

Bon week-end, TOTO !

Bonne rentrée, TOTO !

Vive la liberté !

J'adore les animaux !

Les meilleures blagues de TOTO